Inhalt

Erdgas - Unkonventionelle Erdgasvorkommen verändern den internationalen Gasmarkt

Kernthesen

Beitrag

Fallbeispiele

Zahlen und Fakten

Weiterführende Literatur

Impressum

Erdgas - Unkonventionelle Erdgasvorkommen verändern den internationalen Gasmarkt

Anja Schneider

Kernthesen

- Erdgas ist der zweitwichtigste Energieträger für Deutschland. Sein Anteil an der Brutto-Stromerzeugung beträgt fast 14 Prozent.
- Nur elf Prozent des Erdgasverbrauchs fördert Deutschland selbst, 89 Prozent werden importiert, wichtigstes Importland ist Russland mit einem Anteil von 33

Prozent.
- Der technologische Fortschritt ermöglicht den wirtschaftlichen Abbau unkonventioneller Gasreserven. Bislang sind die USA die Pioniere in diesem Geschäft.

Beitrag

Im ersten Halbjahr 2011 verbrauchten die Deutschen weniger Erdgas. Die privaten Haushalte mussten aufgrund der warmen Witterung weniger heizen. Die Kraftwerke setzten weniger Gas ein. Die Industrie brauchte zwar mehr Gas, weil die Konjunktur wieder gut lief, doch in Summe blieb es bei einem Minus von rund acht Prozent. 2010 konnte ein Anstieg des Erdgasverbrauchs der privaten Haushalte, der Gewerbe- und Dienstleistungsunternehmen und der Industrie um 4,2 Prozent auf 104,5 Mio. t SKE verzeichnet werden. Der Erdgasanteil an der gesamten Brutto-Stromerzeugung betrug knapp 14 Prozent. (1), (15)

Fast jede zweite Wohnung in Deutschland wird mittlerweile mit Gas beheizt. Zum Vergleich: 1996 waren es noch 39,7 Prozent. Der Trend zu Erdgasheizungen lässt jedoch nach. Alternative Heizsysteme gewinnen an Bedeutung. Insgesamt waren am Jahresende 2010 rund 18,7 Millionen Wohnungen oder 49 Prozent des Bestands mit einer

Erdgasheizung ausgestattet. Bei den zum Bau genehmigten neuen Wohnungen lag die Erdgasheizung bei einem Marktanteil von 50 Prozent. Das war etwa ein Prozentpunkt weniger als im Vorjahr. (2)

Hohe Importabhängigkeit bei Deutschlands zweitwichtigstem Energieträger

Erdgas ist hinter dem Mineralöl der zweitwichtigste Energieträger für Deutschland. Doch nur rund elf Prozent des Erdgasverbrauchs werden von Deutschland selbst gefördert (zum Vergleich: Braunkohle 38,1 Prozent, Mineralöl 2,7 Prozent). Stattliche 89 Prozent werden importiert. Wichtigstes Importland ist Russland mit einem Anteil am Erdgasaufkommen von 33 Prozent. Der Anteil Norwegens liegt bei 29 Prozent, dann folgen die Niederlande mit 22 Prozent; die restlichen fünf Prozent verteilten sich auf Dänemark, Großbritannien und andere Länder. Die Stilllegung der deutschen Atomkraftwerke macht künftig noch höhere Gasimporte erforderlich, um den wegfallenden Atomstrom zu überbrücken. Die erneuerbaren Energien können die Lücke nicht sofort schließen. Die Energieexpertin des Deutschen Instituts für

Wirtschaftsforschung (DIW), Claudia Kemfert, rechnet damit, dass sich die Gasimporte aus Russland bis 2030 mehr als verdoppeln könnten. (2), (3), (17), [Abb. 1]

Weltweit glänzende Perspektiven

Der globale Gasverbrauch verzeichnete 2010 mit einem Anstieg von 7,4 Prozent den höchsten Zuwachs aller Zeiten. Die Internationale Energieagentur (IEA) geht davon aus, das der Anteil von Erdgas an der globalen Energieversorgung von derzeit 21 Prozent auf 25 Prozent im Jahr 2035 steigen wird. So soll sich alleine die Gasnachfrage in China bis 2035 auf den Stand der gesamten EU-Nachfrage erhöhen. Im Zuge dessen wird sich die Jahresproduktion bis 2035 um 1,8 Billionen Kubikmeter erhöhen, dem Dreifachen der jetzigen Gasproduktion Russlands. (16), (17)

Russland und Norwegen diktieren bisher die Preise

Die russische Gazprom und die norwegische Statoil zählen zu den größten europäischen Gasproduzenten. Sie fördern das Gas, liefern es über Pipelines an ihre Kunden und diktieren die Preise. Die größten europäischen Gashändler sind E.on Ruhrgas und

Wintershall. Sie verkaufen das russische oder norwegische Gas weiter an Stadtwerke oder Industriekunden - dabei satteln sie eine kräftige Marge von bis zu 30 Prozent drauf. Bei den Preisen haben sich über lange Jahre Gesetze etabliert: Zum einen die langfristen Lieferverträge. Die Verträge zwischen Produzenten und Händlern haben Laufzeiten von bis zu vierzig Jahren. Zum anderen die Ölpreisbindung. Das heißt der Gaspreis ist an den Ölpreis gekoppelt und folgt seiner Entwicklung mit einer gewissen zeitlichen Verzögerung. Die Ölpreisbindung ist massiven Kritiken ausgesetzt. Die Versorger bieten ihren Kunden bereits Modelle, sie zu umgehen. Ein Beispiel ist das börsengekoppelte Beschaffungsmodell Tranche Ideal von RWE. (5), (17)

USA auf dem Weg zum Gasexporteur?

Eine noch junge Entwicklung könnte die Marktgesetze verändern: die Förderung von so genanntem unkonventionellen Erdgas. Beim Erdgas werden konventionelle und unkonventionelle Vorkommen unterschieden. Konventionelle Vorkommen enthalten das Erdgas in gut durchlässigen Gesteinen. Dieses Gas kann erbohrt werden und strömt dann ohne weiteren technischen Aufwand zum Bohrloch. Betrachtet man die weltweiten konventionellen Gasvorräte, so hat Russland die Nase vorn. Auf Basis seiner reichen Vorräte stieg Russland zum weltweit größten Gasanbieter auf mit dem mächtigen Konzern Gazprom an der Spitze der weltweiten Lieferanten.

Doch Russlands Position ist gefährdet. Die Vereinigten Staaten machen Russland den Rang streitig. Ihre neue Gasmacht gründet sich auf die unkonventionellen Gasvorkommen. Bei den unkonventionellen Reserven ist nicht das Gas an sich ungewöhnlich, sondern die Lagerstätte, in der es enthalten ist. Das Gas ist im Untergrund gebunden. Es ist entweder gelöst in Wasser, gebunden an Feststoffen oder befindet sich in gering durchlässigen Gesteinen wie Tonstein, Sandstein oder Kohleflöze. [Abb. 2]

Die Bundesanstalt für Geowissenschaften und Rohstoffe (BGR) hat in ihrem Rohstoffbericht angegeben, dass die weltweiten Ressourcen an unkonventionellem Gas die zurzeit nachgewiesenen konventionellen Erdgasreserven deutlich übertreffen. (Zum Vergleich: Der weltweite Erdgasverbrauch betrug 2009 circa drei Billionen Kubikmeter). Noch größere Potenziale erwartet die BGR bei Aquifergas und Gashydrat, die derzeit aber aus technischen Gründen nicht nutzbar sind. Die Geologen haben diesen unterirdischen Gasfundus längst erkannt, doch bislang mangelte es an bezahlbarer Technologie, um sie zu erschließen. Jetzt gibt es diese Technologie. Sie heißt Fracking und entlockt das unkonventionelle Gas dem Boden mittels eines kontrollierten künstlichen Erdbebens. (4), [Abb. 3]

Gefördert wird das unkonventionelle Gas eben bislang nur in den Vereinigten Staaten. Dort stammt bereits die Hälfte des verbrauchten Erdgases aus unkonventionellen Quellen. Setzt sich der Trend fort, können die USA ihren heimischen Gasbedarf in Kürze selbst decken. Es könnte sogar sein, dass sie sich vom Gasimporteur zum Gasexporteur entwickeln. In Polen finden Probebohrungen statt, in Kanada und China werden Projekte vorbereitet. Australien, Indien, Indonesien, Lateinamerika und auch Europa sind hellhörig geworden und prüfen ihre Vorräte. (5)

Unkonventionelles Gas kann Marktgesetze verändern

Entwickelt sich die Förderung des unkonventionellen Erdgases zum Mainstream-Geschäft, so werden sich die bisherigen Spielregeln auf dem weltweiten Gasmarkt in mancherlei Hinsicht verändern:

Das weltweite Gasangebot wird zunehmen. Schon jetzt werden an den Spotmärkten deutlich größere Mengen Gas gehandelt. Die Preise werden gedrückt. Beispiel: In den USA hat sich im vergangenen Jahr nahezu jeder Rohstoff verteuert, nur das Erdgas ist um satte 27 Prozent günstiger geworden.

Neue Anbieter treten in den Markt ein. Schon heute können die Kunden unter deutlich mehr Gasversorgern wählen als früher. Das Geschäft mit dem unkonventionellen Gas im großen Stil lockt jetzt sogar Ölkonzerne wie Exxon, BP und Shell. Sie haben Lunte gerochen und steigen ein. Beispiel: Exxon unternimmt Probebohrungen in Lünne im Emsland, Lünne 1 nennt sich das Projekt, der Bohrturm ist weithin sichtbar.

Die Zahl der gasfördernden Länder erhöht sich. Die USA könnten zum Gasselbstversorger werden, Polen träumt von neuem Gasreichtum. Die Lieferbeziehungen verändern sich. Deutsches Gas könnte aus den USA geliefert werden. Konkurrierende Pipelineprojekte wie Nord Stream, Nabucco oder South Stream überdenken ihre Strategie, zeigen sich kompromissbereiter und denken sogar über Zusammenarbeit nach.

Etablierte Gasanbieter geraten unter Druck und müssen ihr bisheriges Geschäftsmodell anpassen. Beispiel: Europas größter Gashändler E.on Ruhrgas muss derzeit bei jedem Kubikmeter verkauftem Gas draufzahlen, schreibt prompt Verluste und bettelt bei Gazprom und Statoil um eine Anpassung der Preiskonditionen in den langfristigen Lieferverträgen.

Unkonventionelle Gasvorräte in Deutschlands Boden

Die Geologen gehen davon aus, dass Deutschland noch nicht erschlossene Gasvorkommen in unkonventionellen Lagerstätten, z.B. in Schiefergesteinen oder in Kohleflözen, hat. Die Quantifizierung der Erdgasvorräte in diesen nicht-konventionellen Lagerstätten steht noch am Anfang. Die Bundesanstalt für Geowissenschaften und Rohstoffe (BGR) untersucht derzeit im Auftrag des Bundeswirtschaftsministeriums das heimische Gesamtpotenzial. Erfahrung hat Deutschland seit über 15 Jahren gesammelt mit der Erschließung von Erdgas in dichten Sandsteinen, so genanntes Tight Gas. Seit zehn Jahren nimmt die Nutzung von Grubengas, eine Sonderform von Kohleflözgas, zu; es wird vor allem im Ruhrgebiet für den Betrieb von Blockheizkraftwerken genutzt.

Der Wirtschaftsverband Erdöl- und Erdgasgewinnung bezeichnet daher Erdgas durchaus als Brücken- und Zukunftsenergie für Deutschland. Bisher wird Erdgas schwerpunktmäßig im Wärmemarkt und im Industriebereich eingesetzt. Vor allem beim Einsatz von Erdgas in der Stromerzeugung sehen die Experten noch reichlich Potential. Der Erdgasanteil an der gesamten Brutto-

Stromerzeugung beträgt circa 14 Prozent. Ein weiterer möglicher zukünftiger Verwendungsbereich für Erdgas sei der Verkehrssektor. In der Tat steigt die Zahl der Autos mit Erdgasantrieb. Laut Brancheninitiative Erdgas Mobil stieg die Zahl der Neuzulassungen im ersten Halbjahr 2011 um 11,5 Prozent im Vergleich zum Vorjahreszeitraum. Über 3 600 PKWs, LKWs und Busse mit Erdgasantrieb wurden angemeldet. (4), (6), (7)

Trends

Der Erdgaspreis für Haushalte folgt einem ansteigenden Trend. Auch im Herbst profitieren die Verbraucher nicht von der Aussicht eines Überangebots an Gas und infolgedessen sinkender Preise. Im Gegenteil. Die Vergleichsportale Verivox und Toptarif gehen davon aus, dass 90 Versorger im August und September ihre Gaspreise um durchschnittlich 10,9 Prozent erhöhen. Jeder fünfte Haushalt werde davon betroffen sein. Mit der Energiewende rückt Gas zudem verstärkt in den Fokus, was die Nachfrage noch weiter erhöhen wird. (8)

Fallbeispiele

In den Vereinigten Staaten wird mittlerweile aus etwa 3 000 Bohrungen unkonventionelles Erdgas gefördert, jeden Monat kommen 120 bis 150 Bohrungen dazu. (5)

Das Schweizer Unternehmen Advanced Power und Siemens wollen in Wustermark, gut 30 Kilometer westlich von Berlin, in vier Jahren eines der modernsten Gaskraftwerke Europas bauen. (9)

In der Realisierung des deutschen Atomausstiegs spielt das Erdgas als Energieträger eine wichtige Rolle. Geht es nach den Plänen von Umweltminister Röttgen, so sollen die Stadtwerke München in ihrem Großraum und die baden-württembergische EnBW im Ballungszentrum Stuttgart bis etwa 2018 Gaskraftwerke mit einer Leistung von fünf bis sechs Gigawatt errichten. Das entspricht dem, was rund vier Kernkraftwerke an Strom erbringen können. Der bayerische Umweltminister Söder will den Anteil der Gaskraftwerke an der Stromerzeugung auf bis zu 50 Prozent steigern. (10)

Die RWE Vertrieb AG bietet Stadtwerken und Energieversorgern börsengekoppelte Beschaffungsmodelle für Erdgas an. Tranche Ideal ist eine Beschaffungsvariante ohne Ölpreisbindung. (11)

Zahlen & Fakten

Abbildung 1: Top Energieträger am Primärverbrauch und an der Stromerzeugung nach Marktanteil in Deutschland 2010

Energieträger	Am Primärenergieverbrauch in Prozent	An der Stromerzeugung
Mineralöl	33,6	1,2
Erdgas	21,8	13,6
Steinkohle	12,1	18,7
Braunkohle	10,7	23,7
Kernenergie	10,9	22,6
Erneuerbare Energien	9,4	16,5
Sonstige	1,5	3,7

Quelle: Arbeitsgemeinschaft Energiebilanzen, Institut der deutschen Wirtschaft Köln

Entnommen aus: IWD, 19/2011, S. 4 (12)

Abbildung 2: Top 10 Erdgasproduzierende Länder

	Produktionsvolumen	Weltmarktanteil

Rang	Land	in Milliarden Kubikmetern	in Prozent
1	USA	594	19,1
2	Russland	589	19
3	Kanada	159	5,1
4	Iran	144	4,6
5	Norwegen	106	3,3
6	China	90	2,9
7	Katar	89	2,9
8	Algerien	81	2,6
9	Niederlande	79	2,5
10	Indonesien	76	2,5
	Rest der Welt	1.094	35,3

Quelle: Internationale Energie-Agentur (IEA)

Entnommen aus: Die Welt, 11.12.2010, S. 14 (13)

Abbildung 3: Erdgasvorkommen international nach Region

Region	Konventionell* in Billionen Kubikmetern	Unkonventionell**
Nordamerika	31,2	372,4

Lateinamerika	9,4	233,2
Europa	6,3	84,4
Afrika	16,2	153,2
Naher Osten	35,4	147,7
GUS***	117,1	258,8
Asien, Australien	25,1	480,1
Weltweit****	240,6	1.719,80

* Erdgasförderung ohne Fracking.

** In Tonstein, Sandstein und Kohleflözen, einschließlich Gas aus grundwasserführendem Gestein.

*** Republiken der ehemaligen Sowjetunion.

**** Zum Vergleich: Weltweiter Gasverbrauch 2009: 2,9 Billionen Kubikmeter.

Quelle: Bundesanstalt für Geowissenschaften und Rohstoffe (BGR), 2009

Entnommen aus: Der Spiegel, 09/2011, S. 63 (14)

Weiterführende Literatur

(1) Primärenergieverbrauch. 1. Halbjahr 2011.
Witterung und Moratorium verändern Energiebilanz.
Daten für erstes Halbjahr/Anteil der Kernenergie wird einstellig/Mehr Erneuerbare
aus HandelsZeitung vom 30.06.2011, S. 8

(2) Konjunkturelle Erholung und kalte Witterung treiben Energieverbrauch in Deutschland im Jahr 2010 in die Höhe
aus HandelsZeitung vom 30.06.2011, S. 8

(3) Merkel: Bedarf an russischem Gas bleibt überschaubar
aus energate vom 20.07.2011

(4) Erdgas aus nicht-konventionellen Lagerstätten - FAQ - Antworten auf häufig gestellte Fragen
aus energate vom 20.07.2011

(5) Gebt Gas!
aus Der Spiegel, 28.02.2011, Nr. 9, Seite 62

(6) Erdgas (aus deutscher Produktion) - ideale Brücken- und Zukunftsenergie für Deutschland
aus Der Spiegel, 28.02.2011, Nr. 9, Seite 62

(7) Immer mehr Fahrzeuge mit Erdgasantrieb
aus energate vom 21.07.2011

(8) Verivox und Toptarif erwarten weiteren

Gaspreisschub
aus energate vom 20.07.2011

(9) Die schmutzige Brücke
aus Der Spiegel, 21.03.2011, Nr. 12, Seite 74

(10) Drei mal drei
aus Der Spiegel, 07.05.2011, Nr. 19, Seite 74

(11) RWE startet börsengekoppelte Erdgasbeschaffung
aus www.powernews.org Meldung vom 22.07.2011 - 13:59

(12) D, Internnational: Top Energieträger 2008, 2010
aus IWD, 19/2011, S. 4

(13) International: Top 10 Erdgasproduzierende Länder
aus Die Welt, 11.12.2010, S. 14

(14) International: Erdgasmarkt
aus Der Spiegel, 09/2011, S. 63

(15) Branchenreport Ausgabe 1/2011
aus GENIOS BranchenWissen Nr. 05/2011 vom 13.05.2011

(16) Gas, das aus dem Wasserhahn kommt
aus Kölner Stadtanzeiger, 12.08.2011

(17) Bezahlter Flirt
aus Focus, 01.08.2011; Ausgabe: 31; Seite: 92-95

Impressum

Erdgas - Unkonventionelle Erdgasvorkommen verändern den internationalen Gasmarkt

Bibliografische Information der deutschen Nationalbibliothek

Die Deutsche Nationalbibliothek verzeichnet diese Publikation in der deutschen Nationalbibliografie; detaillierte bibliografische Daten sind im Internet über http://dnb.d-nb.de abrufbar.

ISBN: 978-3-7379-2375-0

© 2015 GBI-Genios Deutsche Wirtschaftsdatenbank GmbH, Freischützstraße 96, 81927 München, www.genios.de

Alle Rechte vorbehalten. Dieses Werk ist einschließlich aller seiner Teile – z.B. Texte, Tabellen und Grafiken - urheberrechtlich geschützt. Jede Verwertung außerhalb der Grenzen des Urheberrechtsgesetzes bedarf der vorherigen Zustimmung des Verlags. Dies gilt insbesondere auch für auszugsweise Nachdrucke, fotomechanische

Vervielfältigungen (Fotokopie/Mikroskopie), Übersetzungen, Auswertungen durch Datenbanken oder ähnliche Einrichtungen und die Einspeicherung und Verarbeitung in elektronischen Systemen.